Originalausgabe
© by Windy Verlag GmbH, Düsseldorf
Alle Rechte vorbehalten
www.windy-verlag.com

Text und Illustration: Laura Tschorn
Druck: Grafisches Centrum Cuno GmbH & Co. KG, Calbe
Printed in Germany

ISBN 978-3-948417-09-3
1. Auflage 2020

Wenn Tiere träumen

Wenn wir träumen, können wir alles sein,
Pirat, Pilot, ganz groß und klitzeklein.
Können im Ozean mit den Walen schwimmen
und im Nu den höchsten Berg erklimmen.
Können mit Tigern um die Wette laufen
und nur die allerschönsten Dinge kaufen.

Aber hast du dich schon mal gefragt,
was so ein Tier wohl träumen mag?

Was der Bär im Schlaf erlebt,
wenn er in das Traumland schwebt?
Wenn draußen dann der Winter naht
und sein Schnarchen alle Tiere plagt?

Im Traum wird es nun endlich wahr,
als Tänzer ist der Bär ein Star.
Ihn kümmert's nicht, was Andere sagen,
für ihn zählt nur auch Spaß zu haben!

Weißt du, wie der Maulwurf träumt,
oder ob er's ganz versäumt?
Weil er doch nicht gucken kann,
oder träumt er bunter dann?

Im Traum, da kann er endlich sehen
und will sogleich auf Reisen gehen.
So nimmt er sich ein Buch zur Hand,
entdeckt im Nu ein fremdes Land.

Was, glaubst du, werden Frösche sehen,
wenn sie nachts dann schlafen gehen?
Und nach all dem Quaken und dem Hüpfen
müde in die Betten schlüpfen?

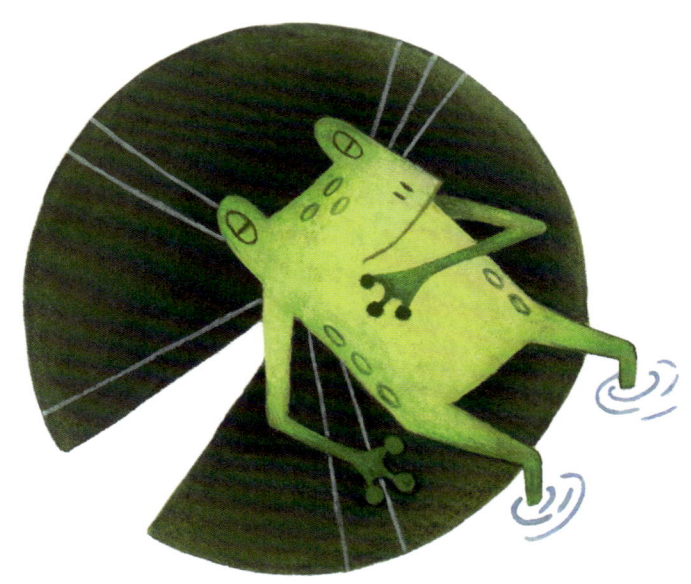

Am Tag ist ihr Gequake störend,
doch nachts da klingen sie betörend.
Dann spielen sie die tollsten Lieder,
träumen von Konzerten, immer wieder.

Wenn Vögel durch die Lüfte schwingen,
wovon werden sie ihr Schlaflied singen?
Erzählen sie von ihrem Traum?
Halt dich fest, das glaubst du kaum!

Sie träumen oft von Schnee und Eis
und einer Landschaft ganz in Weiß.
Denn im Winter fliegen Vögel fort,
leben stets an einem warmen Ort.

Warum heult der Wolf zum Mond?
Der Blick in seine Träume lohnt!
Wenn er müde seine Augen schließt,
sei gespannt, was du dort siehst!

Dann fliegt er schwerelos und frei
an fremden Galaxien vorbei.
Denn was sich hinterm Mond versteckt,
hat nie zuvor ein Wolf entdeckt.

Wohin reist das Schwein bei Nacht,
wenn der Mond am Himmel wacht?
Wenn es schlummert tief im Wald,
sein Grunzen durch die Bäume schallt.

Es wird dich sicher überraschen,
so ein Dreckschwein träumt vom Waschen!
Drum findet man im Schweinetraum
oft Seife, Wasser, Badeschaum.

Wenn Gedanken nachts entschwinden,
kann da ein Tier auch Liebe finden?
Können sich dann die Tiere küssen,
die sonst drüber schweigen müssen?

Fuchs und Hase könnten kuscheln,
ohne dass die Anderen tuscheln.
Denn nur im Traum, da traut er's sich:
„Ich hab dich gern, ich liebe dich!"

Und wird aus Traum dann Wirklichkeit,
lebt jeder glücklich und befreit.
Fische, Vögel, Hunde, Katzen,
egal ob Flossen, Hufe oder Tatzen.

Dann wäre niemand mehr allein,
so sollt's doch immer sein.